O Alimento da Alma

Editora Appris Ltda.
1.ª Edição - Copyright© 2021 do autor
Direitos de Edição Reservados à Editora Appris Ltda.

Nenhuma parte desta obra poderá ser utilizada indevidamente, sem estar de acordo com a Lei nº 9.610/98. Se incorreções forem encontradas, serão de exclusiva responsabilidade de seus organizadores. Foi realizado o Depósito Legal na Fundação Biblioteca Nacional, de acordo com as Leis nos 10.994, de 14/12/2004, e 12.192, de 14/01/2010.

Catalogação na Fonte
Elaborado por: Josefina A. S. Guedes
Bibliotecária CRB 9/870

	Bezerra, Roberto Zuber
B574a	O alimento da alma / Roberto Zuber Bezerra - 1. ed. - Curitiba : Appris, 2021.
2021	105 p. ; 21 cm. – (Coleção geral).
	ISBN 978-65-5820-997-3
	1. Epigramas brasileiros. 2. Aforismos. I. Título. II. Série.
	CDD – 869.8

Appris
editora

Editora e Livraria Appris Ltda.
Av. Manoel Ribas, 2265 – Mercês
Curitiba/PR – CEP: 80810-002
Tel. (41) 3156 - 4731
www.editoraappris.com.br

Printed in Brazil
Impresso no Brasil

Beto Zuber

O Alimento da Alma

Appris *editora*

FICHA TÉCNICA

EDITORIAL	Augusto V. de A. Coelho
	Marli Caetano
	Sara C. de Andrade Coelho
COMITÊ EDITORIAL	Andréa Barbosa Gouveia (UFPR)
	Jacques de Lima Ferreira (UP)
	Marilda Aparecida Behrens (PUCPR)
	Ana El Achkar (UNIVERSO/RJ)
	Conrado Moreira Mendes (PUC-MG)
	Eliete Correia dos Santos (UEPB)
	Fabiano Santos (UERJ/IESP)
	Francinete Fernandes de Sousa (UEPB)
	Francisco Carlos Duarte (PUCPR)
	Francisco de Assis (Fiam-Faam, SP, Brasil)
	Juliana Reichert Assunção Tonelli (UEL)
	Maria Aparecida Barbosa (USP)
	Maria Helena Zamora (PUC-Rio)
	Maria Margarida de Andrade (Umack)
	Roque Ismael da Costa Güllich (UFFS)
	Toni Reis (UFPR)
	Valdomiro de Oliveira (UFPR)
	Valério Brusamolin (IFPR)
ASSESSORIA EDITORIAL	Alana Cabral
REVISÃO	Andrea Bassoto Gatto
	Yasmin Tamara Jucksch
PRODUÇÃO EDITORIAL	Juliane Scoton
DIAGRAMAÇÃO	Yaidiris Torres
CAPA	Eneo Lage
COMUNICAÇÃO	Carlos Eduardo Pereira
	Débora Nazário
	Karla Pipolo Olegário
LIVRARIAS E EVENTOS	Estevão Misael
GERÊNCIA DE FINANÇAS	Selma Maria Fernandes do Valle
COORDENADORA COMERCIAL	Silvana Vicente

Sumário

NA FLORESTA 9
EM VERSOS 10
HORAS BOLAS 11
SEMPRE 12
NO INVERNO 13
AS PLANTAS 14
HOMEM LUZ 15
ÁGUAS 16
SOMOS IRMÃOS? 17
A IRMANDADE 18
O TOQUE 19
CONSEGUIREI? 20
CASAL FELIZ 21
NO RIO MADEIRA 22
BOA CIDADE 23
RODANDO EM PG 24
BOM OLHADO 25
VER 26
A IRMÃ 27
NA PRISÃO 28
A PROTEÇÃO 29
ÁGUA MARTE 30
DA NATUREZA 31
OUTRO IRMÃO 32
A TRANQUILIDADE 33
FORÇA DO OLHAR 34
SUBMERSO 35
A MÃE VERDE 36
ERVAS DO MUNDO 37

PECAMINOSO..38
PURIFICANDO..39
INVERDADE...40
O CAMINHANTE BOM..41
VAMOS PRESERVAR...42
VIDA NOVA..43
DENTRO DA FLORESTA..44
OUTRA FORÇA..45
A JUNÇÃO..46
A FALA..47
ERVARTE..48
A CÓPULA..49
BOM ALIMENTO...50
APÓS A FUMAÇA...51
MAR MORTO, SIM?..52
NÓS...53
DOCES APLAUSOS..54
SAIBA SER..55
MALTRATADO...56
PLANTA PAZ..57
A VERDADE..58
ÁRVORES ALTAS CAINDO..59
EU E ELA..60
ALEGRIA..61
SEM SENTIMENTO..62
QUASE SEMPRE..63
O CASAL...64
A COMPARAÇÃO CULTURAL.......................................65
ERVA AMIGA..66
MUNDO CÃO POLÍTICO..67
CACHOEIRAS ALTAS..68
A MESCLA..69
ALECRIM SANTA MARIA..70
ENTRE O CÉU E A TERRA..71
VOANDO..72

ENGORDANDO 73

VACA MORTA 74

VITAMINAS 75

ATÉ QUANDO? 76

NÓS EMBAIXO 77

ONDE ESTOU? 78

NO CÂNION GUARTELÁ 79

POETA LUSO 80

A ERVA MÃE 81

MENTES INCULTAS 82

GRÃOS 83

ACENDER UM 84

BEIRA D'ÁGUA 85

ENCANTAMENTO 86

GUERREIROS DAS TREZE LUAS 87

FUMO DA LATA 88

FOLHAS VERDES 89

O ALIMENTO 90

CONTRASTE 91

A FOME 92

DEITADO 93

ACABAR A CORRUPÇÃO? 94

MARIA JOANA 95

A CAMINHADA 96

REPENSAR 97

A NOITE NO MATO 98

ESCRITOR PORTUGUÊS 99

SEM CARNE 100

MISTURA UNA 101

O SALVADOR 102

BOM EXEMPLO 103

O ALIMENTO VERDE 104

O ELIXIR 105

Na floresta

Da fruta
Um gomo
Na gruta
Um gnomo

Em versos

Quando o sol se pôr
Compor

Horas bolas

Comer carambola
Jogar bola
Como é bom
Dar uma bola
Você
Deita e rola

Sempre

Vivemos
Vendo
Vênus

No inverno

Antonina
Das palmeiras
Imperiais
Na praça
Aqui tem água,
Festival,
Fumaça.
E toda boa visão
Aqui
Passa.

As plantas

Todo grande vidente
Mantém forte
Sua raça.
A grande força vital
Advém
Da pura fumaça.

Homem luz

Lampião iluminava
O sertão.
Ele deu claridade
Esse, sim
Foi irmão.

Águas

Águas
Claras

Águas
Caras

Águas
Raras

Águas
Ralas.

Somos irmãos?

Judeus,
Cristãos
E muçulmanos
Por que não sois
Mais humanos?

A irmandade

Comer animais?
Jamais.

O toque

Borboleta
Azul
Que toque
Traz-me?
Borboleta azul
Tu satisfaz-me?

Conseguirei?

Sei
Que nunca
Poderei
Voar alto
Como uma
Garça
Mas prometo
Que um belo dia
Escreverei
Uma farsa.

Casal Feliz

Andando à noite no campo
Me vi perplexo.
Um casal de vagalumes
Fazia sexo.

No rio Madeira

Quem bota fé
Na lenda do boto rosa
Será sempre feliz
Em verso e prosa.

Boa cidade

Lá em Mauá
Mal não há.

Rodando em PG

Roda Ponta
Roda
Ponta Grossa
A ponta
Que roda
Nunca
Fica grossa

Bom olhado

A lua não flutua
A rua
Não polua
No céu
E também na terra
O olho bom
Está na tua

O olho
Quando enxerga no escuro
Transforma o espírito
Mais puro

A irmã

A poesia
Põe e profetiza
Ela sobrepõe
E teoriza
Livre, sua mensagem
Suaviza

Na prisão

As canções que em cana fez Camões
Encantaram corações

A proteção

Quem acende incenso de erva
Sua paz conserva

Água marte

A força da lua
Faz a água andar de ré.
Fenômeno da natureza
Homem
Mulher
Maré

Da natureza

Da água e da erva
Somos dependentes
Sem elas
Ficaremos doentes

Outro irmão

Não me acanho
O meu aliado
É o cânhamo
O qual
Me dá paz
Amor
Ânimo

A tranquilidade

A grande arma
É a calma:
O karma
Reencarna na alma.

Força do olhar

A corruíra
Corrói a ira

Submerso

Quando medito
No fundo do rio
Meu pensamento
Treme de frio

A mãe verde

Quem planta
A planta sagrada
Nunca se perde
Na estrada.
Ela alcança o céu
Sem precisar de escada.

Ervas do mundo

Erva mate a sede
Erva mate o mal
Erva arte bela
Erva tarde o sol
Erva arde o corpo
Erva doce o sabor
Erva a lua a noite
Erva pura o verde
Erva Eva a vida
Erva cidreira o chá
Erva daninha o mato
Erva pão alimento

Pecaminoso

O pecado
deve ser impecável

Purificando

Queimando incenso
Penso

Inverdade

Curto mulher
De cabelo curto

O caminhante bom

Quem anda descalço
Não dá passo em falso

Vamos preservar

Amo quem ama a mata
Mato quem mata a mata

Vida nova

O sol e a chuva
Fazem a erva crescer.
Vamos ao campo
Juntos colher

Dentro da floresta

O melhor remédio
É a erva pura
Na sua essência
A cura

Outra força

Salve o sol, salve a lua, salve a planta
Ela, sim, encanta
Quando quero a força
Ela me levanta

A junção

Quando penso em casamento
Acasalamento

A fala

A voz do povo
É a voz de Deus
E a voz dos ateus?
Zeus?

Ervarte

Passe a erva
Roda o chimarrão
Todos nessa roda
Sabem o que é bom

A cópula

Quando as rãs copulam
Não pulam

Bom alimento

A força que me dá a erva
Minha aura conserva.
Desse alimento
Tenho reserva.
Quem a respeita
Preserva.

Após a fumaça

O sol volta a brilhar
Os olhos também
De quem?

Mar morto, sim?

O mar deseja amar
Mas está morrendo
Por falta de ar.
Então a quem reclamar?

Nós

Somos o que comemos?
Ou somos o que pensamos?

Doces aplausos

Viva a cana
Para a cana, bis

Saiba ser

Seja forte
Seja grande
Seja nobre
Seja Gandhi

Maltratado

Se o despejo continuar
O mar pode vomitar
Lixo nuclear

Planta paz

Pra que termos nas mãos o canhão,
Símbolo da guerra?
Se temos na mão o cânhamo
A paz na terra?

A verdade

Deitado na lama medito
Não sou Dalai-lama
Acredito

Árvores altas caindo

As árvores sofrem durante as quedas
Por que não dão a elas
Paraquedas?

Eu e ela

Quando andava sozinho
Só pisava em espinho
Hoje ando acompanhado
Só piso em banhado

Alegria

Quem come amora
Comemora

Sem sentimento

A vaca caminha
Para o matadouro
Confinado, chorando
Está o touro
Mas os donos do abatedouro
Só enxergam o ouro

Quase semprE

De bicicleta
Na ciclovia
Eu só via alegria.
Mas no engarrafamento
Que sarro
A ira do povo
De carro.

O casal

O Pierrot não errou
É a Colombina
A mina
Aqui e na Colômbia
Eles colombinavam

A comparação cultural

São Paulo é um dinossauro
Curitiba é uma corruíra

Erva amiga

Sábado de aleluia
Tenho a erva
E você a cuia

Mundo cão político

O cão tem educação? Não.
E o povo terá ração?
Eis a questão.

Cachoeiras altas

Prudentópolis tem flor
Amor
Própolis

A mesclA

O mal quer ser o tal
O bem quer ser também
Recorrer então
A quem?

Alecrim Santa Maria

Quando aspiramos a fumaça da planta
Tudo nos espanta.
Dando as mãos aos irmãos
Quem caiu se levanta

Entre o céu e a terra

O sol quando beija a lua
Flutua
Arrastando-a para o mar
Nua.
E após a sedução
Abandona-a
Na rua.

Voando

O avião
Não é ave
Não

Engordando

O sol e a lua
Vivem a flertar
Desse jeito
Ela pode engravidar

Vaca morta

A vaca morta no campo
Atrai os corvos com sua cobiça.
Porém lá vem o homem:
Ele também quer carniça.

Vitaminas

Ervais
É o verde dos quintais
Todos eles os querem:
Homens, pássaros e animais

Até quando?

A política
Ainda anda
Paralítica

Nós embaixo

As aves
Nas árvores

Onde estou?

A classe alta desceu
A classe baixa empobreceu
Então pergunto:
E eu?

No Cânion Guartelá

A estrela cadente
Para mim piscou
Tentei abraçá-la
Ela pulou

Poeta luso

A força da planta
Camões nos mostrou
Quando disse em seus versos
Que a erva sagrada
em peixe Deus transformou

A erva mãe

Nossos ancestrais
Queimavam erva como oferenda
Hoje em dia queimamos erva
Como merenda

Mentes incultas

O Brasil é a base do planeta
Mas somos governados por caretas
Que não investem em cadernos e canetas
Mas deixam a juventude
À mercê das baionetas

Grãos

Quero agora o pão
Que todos comem
Quero agora o bão
Que todos consomem.

Acender um

Acender incenso
Só assim
Penso

Beira d'agua

Em Morretes
Morre-se feliz
Em Antonina
Por um triz

Encantamento

Quem conhece a força da planta
Feliz pela manhã levanta
Ela cura, alegra e encanta

Guerreiros das treze luas

Penso sempre redondo
Pois o mundo é uma bola
Saudando cada arco-íris
Viva a nação Kin Don Bola!

Fumo da lata

Nas latas veio para o mar
A erva boa da cura
Existe ainda até hoje
Irmãos à procura

Folhas verdes

Quem queima erva
E faz defumação
Afasta maldade
Recebe proteção

O alimento

A religião prega a repartição do pão
Porém está difícil, meu irmão
O que está sendo repartido
É o do bão

Contraste

Corvo não come corvo
No mundo animal
Mas homem come homem
Será ele um canibal?

A fome

Quando fumo um
Como jerimum
Quando fumo dois
Feijão e arroz
Quando fumo três
Como outra vez
E se fumar quatro
Limpo o prato

Deitado

Medito
Olhando para o céu
Deitado
Na Ilha do Mel

Acabar a corrupção?

Brasil varonil
Terra promissora
Será necessário
Usar metralhadora?

off
Maria Joana

Faço verso
Faço rima
Faço prosa
Faço muito mais ainda
Quando fumo a manga-rosa

A caminhada

A política caminha com sua face falsa
E a população caminha
Descalça

Repensar

A paz
Pense nela, rapaz

A noite no mato

A chuva vem e rola
A lua zen lá fora
Dentro da barraca
Amora

Escritor português

Já dizia Camões
Poeta de boa visão
Tem que ter conhecido
A paz da prisão

Sem carne

Em mim o mal não se aloja
Eu só como carne de soja

Mistura una

Todas as nações
Falarão na mesma língua
Isso vai rolar
Nem que eu morra
À míngua

O salvador

Do jeito que caminha o país
É só virando pirata
Pra purificar a cabeça
Só fumando da lata

Bom exemplo

Em Israel soltaram dois mil pombos
Espero que parem com as bombas

O alimento verde

Quem a boa erva consome
Nunca terá fome

O elixir

Ao palestrar sobre o fumo
Assumo
Faz bem ao corpo
É o resumo